Inhalt

Die Waldschule

Bilder von Fritz Baumgarten   Verse von C. F. von Schlichtegroll

Des Morgens um die achte Stund,
da schwirrt's und piept's im Waldesgrund.
Es packen die Vogelkinderlein
den Ranzen voll und das Frühstück ein.
Sie fliegen schnell, man glaubt es kaum,
zum Waldschulhaus im Buchenbaum.

Der Zeiger weist schon fast auf acht,
da kommt's geschwirrt, gepiept, gelacht!
Sie halten noch ein wenig Rast
beim Waldschulbaum am dicken Ast.
Dann trippeln und trappeln die Vögelein
vom Flugbrett – husch! – ins Haus hinein!

Piep, piep! Schon geht die Schule los!
„Wie heißt der Vogel, dick und groß,
mit gelben Augen? – Schnell, sag's du!"
„Herr Lehrer, das ist der Uhu!
Der beißt bei Nacht die Vögelein tot!
Auch Iltis und Wildkatz bringen uns Not!"

Wenn's Glöcklein läutet, dann fliegen sie aus,
zur Pause zum hinteren Schultor hinaus.
Sie knabbern die Körnlein und schlecken und lecken,
dann spielen sie Fangen und auch Verstecken.
Hier balgen sich zwei, dass die Federn fliegen!
Die werden wohl tüchtige Strafe kriegen!

Auf einem Bilde, bunt und schön,
da sind viele gute Dinge zu sehn:
die knusprigen Zapfen, die süßen Beeren,
auch zarte Blättchen zum Verzehren.
So lernt der kleine Vogelmann,
was man im Walde essen kann.

Doch wichtig ist vor allen Dingen:
Ein junger Piepmatz, der muss singen!
Die Töne abwärts und hinauf!
Weit, weit den kleinen Schnabel auf!
Dann klingt es hell aus froher Brust.
Die Mäuslein hören's voller Lust!

Nun zeigt der Lehrer an der Wand
die Wege in das warme Land –
weit übers Meer nach Afrika.
Er sagt: „Im Herbste seid ihr da!
Weit ist der Weg, schön ist der Ort!
Wer nichts gelernt hat, darf nicht fort!“

Die Glocke klingt so hell und fein,
da packen sie das Ränzchen ein.
In Dreierreihen tritt man an,
schwirr, schwirr – nach Hause geht es dann!
Die Bummler – und die Unsinn treiben,
die müssen noch ein Stündchen bleiben …

Piep, piep, da kommen sie gerannt,
mit dem Zensurbuch in der Hand!
Die Mutter Piepmatz freut sich sehr,
der Vater Piepmatz noch viel mehr.
Wer tüchtig lernt, wird nicht vergessen
und kriegt was Herrliches zu essen!

Nun sind sie alle froh und satt
und Vater liest das Zeitungsblatt.
Die Kinder sitzen still zu zweit
am Tisch bei ihrer Schularbeit.
Bedächtig schaut Pieps hin und her:
„Das Rechnen ist heut ziemlich schwer.“

Der Sommertag war hell und schön.
Nun wird es Zeit, ins Bett zu gehn.
Die Kleinen legen sich zur Ruh
und Mutter deckt sie sorgsam zu.
„Schlaft wohl, träumt süß, ihr Kinderlein,
von lauter Lust und Sonnenschein!“

Industriestraße 19
64407 Fränkisch-Crumbach 2019
www.titania-verlag.de

Verse: C. F. v. Schlichtegroll
Illustrationen: Fritz Baumgarten
Layout, Satz und Umschlaggestaltung:
design cat GmbH

ISBN 978-3-86472-406-0

Teddys Schulgang

Bilder von Fritz Baumgarten

Verse von Lena Hahn

Hier seht ihr, wie sich früh um acht
der Teddy auf den Schulweg macht.
Die Mutter ruft: „Nun lauf nur, lauf,
und halt dich unterwegs nicht auf!“
Die Vögel zwitschern: „Bummle nicht!
Um halb neun beginnt der Unterricht!“

Neugierig macht der Teddy halt
beim Schneider Zwirn im Buchenwald.
Sehr tüchtig ist der Wichtelmann –
seht nur, wie fein er flicken kann!
Libellchens Flügel wird genäht.
Der Teddy schaut. Die Zeit vergeht …

Im kleinen Haus am Wiesenrain
scheint ein Geburtstagsfest zu sein.
Man lacht und tanzt, man spielt und singt,
des Wichtelmanns Gitarre klingt,
und alle sind so gut gelaunt!
Der Teddy steht am Zaun und staunt.

Am Teich gibt's immer was zu sehn,
drum bleibt der Teddy dort mal stehn.
Da gleiten zwischen Schilf und Rohr
zwei Wichtel frohgemut hervor.
Sie machen eine Kahnpartie.
Ach, wie beneidet Teddy sie!

Der Wichtel schrubbt voll Emsigkeit:
„Du Schmutzfink, das war höchste Zeit!
Ihr andern kommt nun auch gleich dran!“
Der Teddy hört’s und denkt sich dann:
„Vielleicht seift der mich auch noch ab?!
Ich setz mich lieber jetzt in Trab!“

Neun Uhr vorbei! – Mein lieber Bär,
jetzt nützt das Rennen gar nichts mehr!
Zwar lockt das Obst in bunter Pracht,
das ihm sonst so viel Freude macht,
doch heute saust er – eins, zwei, drei –
in höchster Eile dran vorbei.

Teddy Schule

Der Lehrer zankt: „Du kommst zu spät!“,
und nimmt ihn gründlich ins Gebet.
Denn überall und jederzeit
ist höchste Pflicht die Pünktlichkeit.
Der Teddy schreibt sich’s hinters Ohr
und denkt: „Das kommt nicht wieder vor!“

A a B b

Nachher beim Rechenunterricht
weiß Teddy leider vieles nicht.
Er rechnet hin und rechnet her
und findet alles schrecklich schwer.
Der Lehrer brummt, die Klasse lacht,
weil Teddy lauter Fehler macht.

1 + 1 = 2
1 + 2 = 3
1 + 3 = 4

Die Pause kommt. Da balgt man sich
und schreit und tobt ganz fürchterlich.
Schon ist der Teddy mittendrin –
das ist so recht nach seinem Sinn!
Da naht der Lehrer, der ergrimmt
zwei Sünder gleich beim Kragen nimmt!

Das Turnen lieben alle sehr.
„Die Arme hoch!“ Das ist nicht schwer.
Doch Teddy – vorn im Bild zu sehn –,
der bückt sich, wenn die andern stehn!
Er hört nicht zu, er gibt nicht acht
und hat es darum falsch gemacht.

TURN-HALLE

Hurra, jetzt ist die Schule aus
und alle eilen froh nach Haus.
Der Teddy, der als Nimmersatt
stets einen Bärenhunger hat,
isst dreimal seinen Teller leer,
als ob das weiter gar nichts wär!

Was er am Tage nicht gemacht,
das plagt den Teddy nun bei Nacht.
Die Zahlen tanzen mit Gebrumm
dem armen Kerl im Kopf herum.
O Teddy, lass das Bummeln sein –
dann schläfst du abends ruhig ein!

Industriestraße 19
64407 Fränkisch-Crumbach 2019
www.titania-verlag.de

Illustrationen: Fritz Baumgarten
Layout, Satz und Umschlaggestaltung:
design cat GmbH

ISBN 978-3-86472-413-8

Sportfest im Walde

Bilder von Fritz Baumgarten

Verse von Lena Hahn

So ein Sportfest, liebe Leute,
das will vorbereitet sein!
Darum gibt's im Walde heute
viel zu tun für Groß und Klein.
Eben ruft der Wichtel Purzel,
der für Festschmuck sorgen soll:
„Hängt mal hier die kahle Wurzel
reichlich mit Girlanden voll!“

Endlich, lang ersehnt von allen,
bricht er an, der große Tag.
Feierlich und laut erschallen
Blasmusik und Paukenschlag.
Alle, die im Walde wohnen,
schauen sich den Festzug an,
wo man all die Sportkanonen
sehen und bewundern kann.

Auf dem Fußballplatz ist Leben!
Hart belagert wird das Tor
und die Igel dringen eben
mit den besten Stürmern vor.
Bei den Hamstern kommt da plötzlich
ein Verteidiger zu Fall –
oh, die Lage ist entsetzlich!
Doch der Torwart hält den Ball!

Bei dem Wettlauf etwas später
ist ein heißer Kampf entbrannt.
Hier geht's um die Zentimeter –
wer erreicht zuerst das Band?
Ein paar Mäuse holen schließlich
auch die schnellsten Frösche ein.
„Wartet nur", brummt Quak verdrießlich,
„lasst uns erst beim Schwimmen sein!"

Zu den Tennis-Meisterschaften
treten nun zwei Spieler an,
deren Schwung und fabelhaften
Eifer man bewundern kann.
Elegant und blitzesschnelle,
auf dem Spielfeld hin und her,
schmettern sie die weißen Bälle
und sie schwitzen dabei sehr.

Platsch! Den Igel trifft ein nasser
Spritzer mitten ins Gesicht.
So ein Sprung ins kühle Wasser
schreckt die Meisterschwimmer nicht.
Nein, sie können's nicht erwarten,
bis das Zeichen endlich winkt –
alle hopsen los und starten,
ehe noch die Fahne sinkt.

Bei den Klängen der Kapelle
zeigt sich turnerische Kraft.
Seht nur mal die Riesenwelle,
die der Frosch da spielend schafft!
Und der Hamster stemmt Gewichte,
die kein andrer heben kann.
Doch mit friedlichem Gesichte
schnarcht der Limonaden-Mann.

Prasseln auch die Schläge nieder –
Boxer zeigen keinen Schmerz.
Hei, das war ein Ding! Da – wieder!
Jedem Sportfreund lacht das Herz.
Mulli mit den harten Pfoten
haut den Gegner hinters Ohr.
Halt, mein Freund, das ist verboten!
Doch im Eifer kommt es vor.

Hier wird hoch und weit gesprungen,
denn auch das gehört zum Sport.
Quakfrosch ist ein Sprung gelungen,
der bedeutet Weltrekord!
Und begeistert ruft ein jeder:
„Ohne Anlauf, aus dem Stand,
springt der Bursche fast zwei Meter!
Das ist wirklich allerhand!“

Die Entscheidung ist gefallen
und der Sieger wird genannt.
Seine Leistung wird von allen
laut und neidlos anerkannt.
Er empfängt die Ehrenpreise
voller Stolz und hochbeglückt
und in feierlicher Weise
wird er mit dem Kranz geschmückt.

Bei der Siegesfeier sitzen
sie bis in die Nacht hinein.
Durch des Waldes Dunkel blitzen
viele helle Fensterlein.
Endlich dann, in später Stunde,
gehn die Musiker nach Haus.
„Prosit!“, ruft die frohe Runde.
Und nun ist das Sportfest aus!

Industriestraße 19
64407 Fränkisch-Crumbach 2019
www.titania-verlag.de

Illustrationen: Fritz Baumgarten
Layout, Satz und Umschlaggestaltung:
design cat GmbH

ISBN 978-3-86472-410-7

Im Lande der Wichtel

Bilder von Fritz Baumgarten   Verse von Liselotte Burger

Till und Katrin, sein Schwesterlein,
die spielen froh im Sonnenschein.
Da ruft der Till: „Du, schau mal an,
was ist denn das? Ein Wichtelmann!
Gewiss fiel er vom Abhang dort
und kann allein nicht wieder fort.“

Katrinchen hat ein gutes Herz.
Drum fragt sie: „Spürst du einen Schmerz?
Was ist mit dir, du kleiner Wicht?
Mach nicht solch ängstliches Gesicht!“
Das Männlein sagt: „Es geht schon, Kleine.
Nur helft mir bitte auf die Beine!“

„Ich stolperte vorhin beim Bücken,
wollt' schöne süße Beeren pflücken.
Ach, tut sie in mein Körbchen 'rein!
Zum Dank dafür lad ich euch ein,
ins Land der Wichtel mitzugehen.
Dort werdet ihr viel Schönes sehen."

Das lässt man sich nicht zweimal sagen!
Till darf das Beerenkörbchen tragen.
Der Teddybär kommt auch noch mit.
Schon geht es los. Mit muntrem Schritt
marschieren sie nun Hand in Hand
den Weg entlang zum Wichtelland.

Wichtelland

Indes die drei so fröhlich wandern,
sagt rasch ein Tierlein es dem andern:
„Ins Land der Wichtel – ist's denn wahr? –
kommt heut ein Menschenkinderpaar!"
Da guckt die allerkleinste Maus
neugierig aus dem Loch heraus.

Familie Igel hat beim Essen
in diesem Augenblick gesessen,
als Igelvater staunend spricht:
„Ich traue meinen Augen nicht!
So etwas hat es nie gegeben
in meinem ganzen Igelleben!"

Der Osterhasen-Großpapa
weiß zu berichten: „Es geschah
zum letzten Mal vor hundert Jahren,
dass Kinder bei den Wichteln waren.
Sie müssen hilfreich sein und gut
und frei von bösem Übermut.“

So spricht der Hase klug und weise.
Da meint ein Tierlein aus dem Kreise,
wie schön es wäre, mitzugehen
und auch das Wichtelland zu sehen.
Doch darf nicht jeder dort hinein,
man muss erst eingeladen sein.

„Hier ist das Tor zum Wichtelland,
das nie ein Mensch alleine fand!“,
ruft Wichtel Nick. Jedoch Katrin
schaut ängstlich zu dem Bruder hin.
„Ob wir uns wirklich dorthin wagen?
Was würde Mutter dazu sagen?“

Das Männlein lächelt: „Nur herein!
Ihr werdet doch nicht bange sein?
Bestimmt geschieht euch hier kein Leid.
Als Gäste ihr willkommen seid,
weil alle Wichtel schon vernommen,
dass ihr zu Hilfe mir gekommen.“

Er zieht sie fort in schnellem Lauf.
Nun tut ein Wunderland sich auf!
Viele Häuschen, winzig, moosbedeckt,
stehn unter Bäumen fast versteckt,
und lustig winkt aus jedem Haus
ein kleiner Wichtelmann heraus.

„Ei, das ist wirklich eine Freude!“,
so rufen froh die Wichtelleute.
„Freund Nick bringt uns zwei liebe Gäste.
Beeilt euch, rüstet gleich zum Feste!
Bestellt Musik, bringt Speis und Trank
den guten Kindern hier zum Dank!“

Voll Eifer ein paar Männlein springen,
die Instrumente herzubringen;
sie werden schnell gestimmt, geputzt –
man hat sie lange nicht benutzt.
„Wir machen Tanzmusik nachher.
Da wirst du staunen, Teddybär!“

Till und Katrinchen merken gleich,
man lebt vergnügt im Wichtelreich.
Vor allem eins ist ihnen neu:
Die Tiere kennen keine Scheu,
zutraulich kommen sie heran,
dass man mit ihnen spielen kann.

Es gibt zu trinken und zu essen,
und niemand wird dabei vergessen.
Freund Nick, der gute Wichtelmann,
schleppt immer neue Schüsseln an.
Wie fein der Brei mit Beeren schmeckt!
Da wird der Löffel abgeleckt.

Auch alle Tiere in der Runde
genießen diese schöne Stunde.
Der Teddybär sitzt mit dabei,
doch nimmt er nichts vom süßen Brei.
Ein Tier, das brummt und niemals frisst,
ganz rätselhaft den Wichteln ist.

Zum Festplatz zieht man dann hinaus,
ein Tänzlein folgt dem leckren Schmaus.
Hoppheirassa, heidideldum,
mal links, mal rechts im Kreis herum.
Die Vöglein zwitschern munter mit:
„Tiri, tiralala, kiwitt!“

Kaum merkt man, wie die Zeit vergeht.
Frau Sonne noch am Himmel steht,
doch matter wird ihr goldner Schein,
nun bricht der Abend bald herein.
Till sagt: „Wie wird sich Mutter sorgen!
Wir liefen weg am frühen Morgen!“

„So geben wir euch das Geleit“,
ruft Nick. „Macht alle euch bereit!“
Dann zieht die Schar mit Sang und Klang
den ganzen Wichtelwald entlang,
bis sie zum Wiesenrand gekommen,
wo traurig Abschied wird genommen.

Die Kinder müssen sich jetzt sputen.
Wie wurden Stunden zu Minuten
bei Schmaus und Tanz und allem Glück!
Noch einmal winken sie zurück.
Doch tönt Freund Nicks Trompetenton
ganz ferne und sehr leise schon.

Indessen schaut vom Elternhaus
man längst nach den Verschwundnen aus.
Die Kinder ringsumher sind da –
Till und Katrinchen niemand sah.
Die Mutter sagt schon sehr beklommen:
„Das ist noch niemals vorgekommen!“

Da endlich tauchen beide auf
und nähern sich in raschem Lauf.
Das Hündchen bellt: „Herbei, herbei!
Wo kommt ihr her, ihr bösen zwei?“
Da jubeln sie: „Vom Wichtelland,
das nie ein Mensch alleine fand!“

Industriestraße 19
64407 Fränkisch-Crumbach 2019
www.titania-verlag.de

Illustrationen: Fritz Baumgarten
Layout, Satz und Umschlaggestaltung:
design cat GmbH

ISBN 978-3-86472-608-8

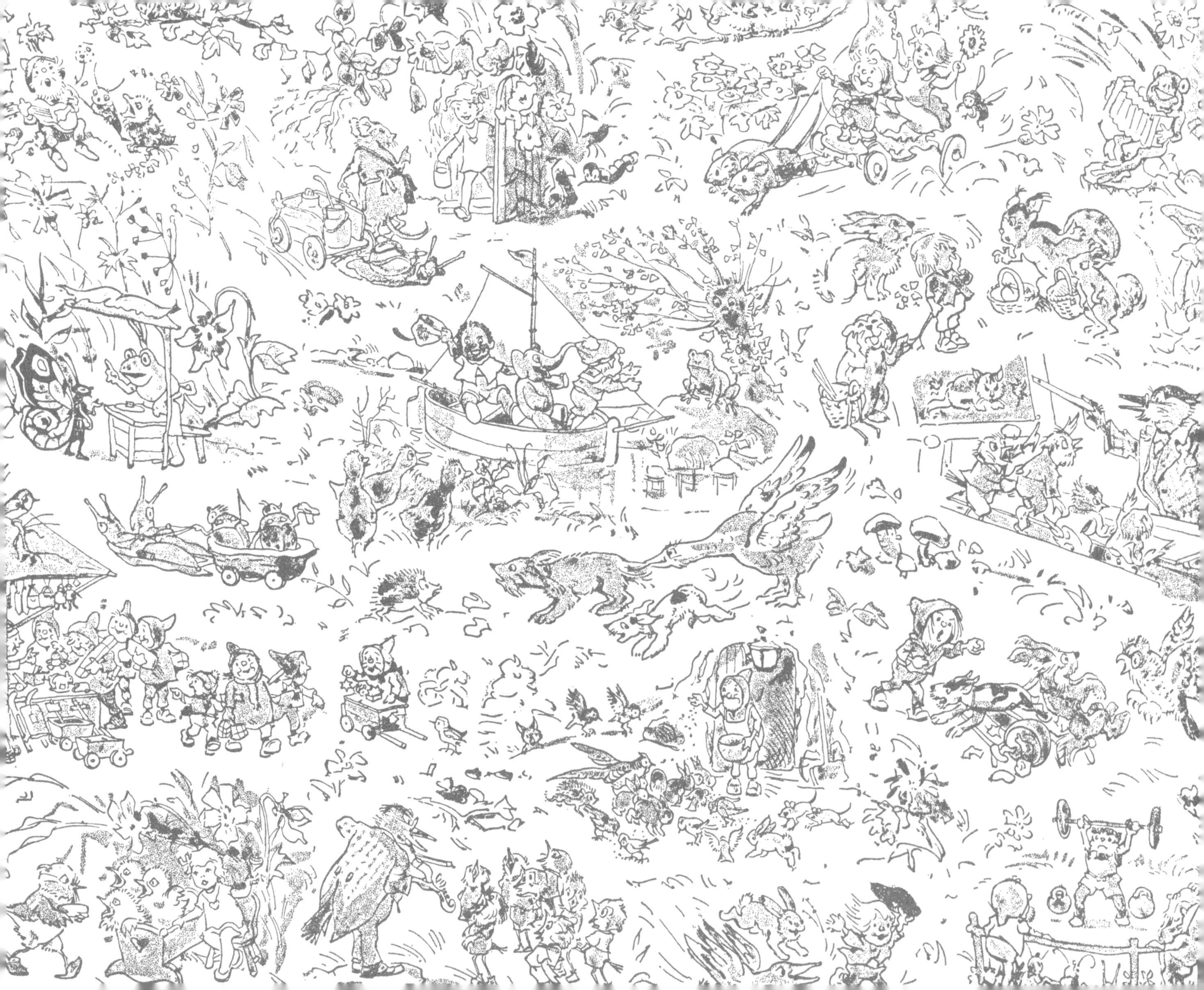